Rolf H. Ruhleder

»VORTRAGEN UND PRÄSENTIEREN«

Der schnelle Weg
für Ihren rhetorischen Erfolg

Rolf H. Ruhleder

»Vortragen und Präsentieren«

Der schnelle Weg für Ihren rhetorischen Erfolg

6. Auflage

MAX SCHIMMEL VERLAG

PARTNER FÜR ERFOLGE

ISBN 3-920834-93-3
6. Auflage 2002
© 1996 by Max Schimmel Verlag
Im Kreuz 9, 97076 Würzburg
Alle Rechte vorbehalten
Illustrationen: Rolf Schubert
Herstellung: Konrad Triltsch
Print und digitale Medien GmbH,
Ochsenfurt

MAX SCHIMMEL VERLAG
PARTNER FÜR ERFOLGE

Dieses Werk ist urheberrechtlich geschützt. Jede Verwertung außerhalb der engen Grenzen des Urhebergesetzes ist ohne Zustimmung des Verlages unzulässig und strafbar. Dies gilt insbesondere für Vervielfältigung, Verarbeitung, Mikroverfilmung und die Einspeicherung und Verarbeitung in elektronischen Systemen.

Inhaltsverzeichnis

Inhaltsverzeichnis 5

Vorwort 7

So bringen Sie Ihr Lampenfieber
unter Kontrolle 9

So strahlen Sie Sicherheit aus 15

So holen Sie sich Anregungen für
Vortrag und Präsentation 19

So bereiten Sie sich optimal vor 23

So beginnen Sie Vortrag und Präsentation ... 29

So drücken Sie Negatives positiv aus 37

So setzen Sie Hilfsmittel ein 43

So bauen Sie Ihren Vortrag und Ihre
Präsentation auf 47

INHALT

So vergrößern Sie Ihren Wortschatz 59

So bauen Sie Ihren Stichwortzettel auf 65

So nutzen Sie Ihre Sprechtechnik 71

So gewinnen Sie immer die
Aufmerksamkeit 77

So vermeiden oder überspielen Sie
den Blackout 85

So begegnen Sie Zwischenrufen 89

So würzen Sie Ihren Vortrag und
Ihre Präsentation 95

Literaturhinweise 99

Vorwort zur sechsten Auflage

»Bei einem Vortrag oder einer Präsentation von zwei Minuten brauche ich zwei Tage Vorbereitung, bei zwanzig Minuten einen Tag und bei zwei Stunden kann ich sofort beginnen.«

Ähnlich habe ich empfunden! Auf hundert Seiten das Wichtigste und Interessanteste über »Vortragen und Präsentieren« übersichtlich und prägnant darzustellen, war schwieriger als ich dachte. Es ist geschafft! Hoffentlich sind Sie mit dem Ergebnis zufrieden.

Ich habe versucht, in knapper Form die für mich entscheidenden Erkenntnisse aus meinen Seminaren über Rhetorik, Körpersprache, Verkauf – und vor allem über »Präsentations- und Vortragstechnik« zusammenzufassen: Ein Leitfaden aus der Praxis – für die Praxis.

Die sechste Auflage dieses Buches in nur fünf Jahren beweist, dass es wohl gelungen ist.

Sollten Sie Anregungen und Fragen haben, so stehe ich Ihnen jederzeit gern zur Verfügung.

Bad Harzburg, im Januar 2002

Rolf H. Ruhleder

Klappern gehört zum Handwerk

Entnommen aus »Ruhleders Sprüche und Zitate«,
Max Schimmel Verlag, Würzburg

1.

So bringen Sie Ihr Lampenfieber unter Kontrolle

Regel 1: Bereiten Sie sich gut vor

Dies ist die Grundvoraussetzung für einen guten Vortrag und eine gelungene Präsentation. Ohne fundiertes Fachwissen nützt auch die beste Rhetorik nichts.

Regel 2: Üben Sie sich in Selbstbejahung

Machen Sie sich bewußt, daß Sie gut und sicher vorbereitet sind. Sagen Sie sich das immer wieder selbst vor.

Regel 3: Essen Sie vor Ihrer Rede nur mäßig

Schwere Mahlzeiten belasten den Organismus und hemmen beim Denken und Sprechen.

Regel 4: Prüfen Sie Ihr Äußeres

Ein gepflegtes Äußeres gibt Ihnen Sicherheit. Unpassende Kleidung verunsichert Sie und kann dazu beitragen, daß Sie Ihr Lampenfieber nicht unter Kontrolle bringen.

Praxistip

Eine besondere Hilfe gegen Lampenfieber sind Atemübungen und Autogenes Training.

Regel 5: Überprüfen Sie vor der Rede die Technik

Mit den technischen Hilfsmitteln und Räumlichkeiten müssen Sie sich vorher vertraut machen, um sicher zu sein, daß alles zu Ihrer Zufriedenheit organisiert ist.

Regel 6: Fragen Sie sich, warum Sie Lampenfieber haben

Haben Sie Angst vor dem Publikum, dem gesprochenen Wort oder einer möglichen Blamage? Das ist unnötig! Es sitzen Ihnen Menschen gegenüber, die Ihnen nichts Böses wollen.

Regel 7: Streben Sie nicht nach Perfektion

Es ist kein Beinbruch, wenn Sie einen Satz nicht zu Ende bringen. Dies läßt Sie meist viel menschlicher erscheinen als wenn Sie eine perfekt geschliffene, routinierte Rede halten.

Praxistip

Atmen Sie nochmals ganz tief aus, bevor Sie sich erheben bzw. den Standort Ihres Vortrages erreicht haben.
Ein bewährtes Mittel: Die verbrauchte Luft herauspressen, damit Sie noch sicherer werden.

Regel 8: Wählen Sie positive Redewendungen

Dies schafft eine positive, entspannte Stimmung zwischen Ihnen und dem Publikum. Spüren Sie unbedingt Ihre eigenen Minus-Wörter und Minus-Formulierungen auf, und streichen Sie sie aus Ihrem Sprachgebrauch.

Regel 9: Denken Sie positiv

Zuhörer sind auch nur Menschen! Sie verzeihen Ihnen kleine Schwächen gern. Sie können ruhig davon ausgehen, daß Ihr Publikum Ihre kleinen Versprecher und Unebenheiten gar nicht registriert.

Regel 10: Gönnen Sie sich Ruhe

Befassen Sie sich in den letzten 15 - 30 Minuten vor Beginn nicht mehr mit Ihrer Rede oder Ihrer Präsentation. Sagen Sie sich: Es stimmt alles! Wenn Sie jetzt noch Korrekturen vornehmen, treten Sie vielleicht mit dem Gefühl nach vorne: Hätte ich dies nur vorher alles bedacht!

> **Praxistip**
>
> Suchen Sie sich bei Ihrem Vortrag zwei oder drei Zuhörer, die Ihnen positiv gestimmt sind: Sie nicken Ihnen zu oder deuten durch Ihre positive Körperhaltung an, daß Sie von Ihrem Vortrag angetan sind. Das baut Ihr Lampenfieber ab.

KAPITEL 1

SEITE 14

So bringen Sie Ihr Lampenfieber unter Kontrolle

2.

So strahlen Sie Sicherheit aus

Regel 1: Lernen Sie vorher Beginn und Ende Ihrer Rede auswendig

Vom Beginn Ihres Vortrags/Ihrer Präsentation hängt ein Großteil Ihres Erfolges ab. Wenn Sie zu Beginn nicht klarkommen und sich verhaspeln, ist es schwer, diesen ersten Eindruck zu revidieren.

Regel 2: Gehen Sie erst zum Vortragsort, dann beginnen Sie zu sprechen

Sie sollten nicht schon auf dem Weg nach vorne mit Ihrem Vortrag beginnen. Nehmen Sie erst in Ruhe Ihren Standort ein.

Regel 3: Stehen oder sitzen Sie aufrecht

Eine aufrechte Haltung signalisiert Selbstsicherheit und Engagement.

> **Praxistip**
>
> Kein tiefes Luftholen direkt vor Beginn Ihres ersten Satzes.
> Nicht zu viele Wörter in einem Atemzug sprechen.
> In Ihrer normalen Stimmlage kurze Abschnitte sprechen.

Regel 4: Nehmen Sie zuerst Blickkontakt mit Ihren Zuhörern auf

Ein gesenkter Kopf und fehlender Blickkontakt signalisieren Unsicherheit.

Regel 5: Werfen Sie unbedingt einen Blick in die Runde

»Sammeln« Sie die Blicke Ihrer Zuhörer.

Regel 6: Sprechen Sie zu Beginn etwas lauter

Halten Sie auch gegen Ende Ihrer Ausführungen unbedingt Ihre Lautstärke. Eine zu leise Stimme signalisiert sehr oft Unsicherheit.

Regel 7: Eine freundliche, angemessene Mimik schafft Sympathien

Wie können Sie von Ihren Zuhörern Begeisterung erwarten, wenn noch nicht einmal Sie diese ausstrahlen...

Regel 8: Gesten sind wichtig

Lassen Sie zu Beginn die Hände seitlich hängen. Auch wenn Sie keinen Stichwortzettel in der Hand haben – setzen Sie unbedingt Ihre Gesten nur oberhalb der Gürtellinie (positive Zone) ein. Offene, positive Armbewegungen sind ein untrügliches Zeichen für die Sicherheit des Redners.

Regel 9: Bereiten Sie Ihren Abschluß vor

Am Ende sprechen Sie dann Ihre vorher auswendig gelernten, wohlüberlegten Schlußsätze. Dies wird alle Zuhörer von Ihrer Souveränität überzeugen.

3.

So holen Sie sich Anregungen für Vortrag und Präsentation

Inhalt und Gehalt Ihrer Rede werden von den Zuhörern an dem gemessen, was sie interessiert und was sie möglichst sofort umsetzen/anwenden können.

Je mehr interessante Aspekte Sie bringen, um so lebendiger wirken Ihre Ausführungen und um so dankbarer werden sie angenommen. Anregungen können Sie sich holen durch:

1. Lesen Sie viel. Holen Sie sich Ihr Wissen jedoch nicht nur aus Fachbüchern und Fachzeitschriften. Verbessern Sie Ihre Allgemeinbildung auch durch andere Lektüre.

2. Hören Sie Geistreiches von Ihren Mitmenschen – notieren Sie es sich sofort!

3. Erweitern Sie Ihren Wortschatz durch Zitate und kleine Anekdoten. Achten Sie jedoch darauf, daß Sie sich nicht laufend wiederholen!

4. Richten Sie eine Kartei (»Ideenbank«) ein, in der Sie Gedanken zu allen Problemkreisen, mit denen Sie bei zukünftigen Vorträgen/Präsentationen rechnen müssen, einordnen.

5. Überlegen Sie sich:

   a) Was muß ich sagen (Stoff und Zusammenhänge)?

   b) Was sollte ich sagen? (Zum besseren Verständnis Beispiele und Bilder bringen.)

   c) Was kann ich noch sagen?

6. Diskutieren Sie mit Fachleuten über die vorgegebene Thematik und betreiben Sie Ihre eigene »Marktforschung«.

7. Sprechen Sie Ihre Ideen und Ihr Konzept auch mit einem Nicht-Fachmann durch. Hierdurch erhalten Sie bestimmt viele Anregungen. Sie können nicht immer davon ausgehen, daß nur Kenner der Materie bei Ihrem Vortrag/Ihrer Präsentation anwesend sind.

Vortrag und Präsentieren lernt man nur durch Vortragen und Präsentieren!

> **Praxistip**
>
> Halten Sie immer Bleistift und Notizblock bereit, um spontane Einfälle und neue wichtige Gedankengänge sofort zu notieren.

KAPITEL 3

**So holen Sie sich Anregungen
für Vortrag und Präsentation**

4.

So bereiten Sie sich optimal vor

Eine gute Vorbereitung gibt Ihnen die höchstmögliche Sicherheit. 12 Punkte können Ihnen hier helfen:

1. Wie lautet mein genaues Thema?

Stellen Sie sich die Fragen. »Was muß ich sagen?«, »Was darf ich sagen?« und »Was kann ich noch sagen, wenn mir zusätzlich Zeit bleibt?«

2. Aus welchen Gründen spreche ich?

Es ist ein großer Unterschied, ob Sie aus freien Stücken oder »gezwungenermaßen« sprechen. Wichtig ist jedoch, daß Sie Ihre Zuhörer auf jeden Fall davon überzeugen, daß Sie dieses Thema gern und engagiert vertreten.

3. Welche Redeform wähle ich?

Wir unterscheiden zwischen Informationsrede und Überzeugungsrede. Es ist ein Unterschied, ob der Meister die Ergebnisse seines Qualitätszirkels präsentiert oder der Chef einen Vortrag vor seinen Mitarbeitern hält.

Man kann über alles sprechen, nur nicht über 20 Minuten!

4. Welche Zielsetzungen verbinde ich mit meinem Vortrag/meiner Präsentation?

Was wollen Sie erreichen? Was sollen die Teilnehmer mitnehmen? Welchen Ziel- und Zwecksatz verbinden Sie hiermit?

Bei dem Vortrag »Die Entwicklung des Betriebsergebnisses im letzten Jahr« kann der Ziel- und Zwecksatz lauten: In diesem Jahr sind die Mitarbeiter mehr zu motivieren, um das Jahresziel zu erreichen.

5. Vor wem spreche ich?

Handelt es sich um bekanntes oder unbekanntes Publikum? Spreche ich vor älteren oder jüngeren Zuhörern? Spreche ich vor Fachleuten oder Laien?

6. Inwieweit kann ich Kenntnisse voraussetzen?

Fachpublikum fordert eine tiefergehende Behandlung der Thematik, während Sie bei Laien doch mehr allgemeine Ausführungen bringen sollten. Bei gemischtem Zuhörerkreis richten Sie Ihren Vortrag nach der Mitte aus. Versuchen Sie weder den absoluten Fachmann noch den »Unwissenden« zu erfassen.

> Der amerikanische Präsident W. H. Harrison hielt 1841 eine 1½-stündige Antrittsrede an einem kalten, regnerischen Tag.
> Die Folgen: Die Zuhörer langweilten sich, und er starb vier Wochen später an einer Lungenentzündung.

7. Wieviel Zeit habe ich?

Die Ihnen vorgegebene Zeit sollte möglichst nicht überschritten werden. Spätestens nach 20 Minuten sollten Sie ein schlechtes Gewissen bekommen. Nach 45 Minuten ist eine Pause unumgänglich. Orientieren Sie sich nicht an den Ausnahmerednern, die nach einer Stunde noch ein begeistertes Publikum haben.

8. Ist mit Störungen zu rechnen?

Bitte kalkulieren Sie die Möglichkeit immer ein. Wenn Sie Ihren Zuhörerkreis kennen, wissen Sie zumeist auch, ob Widerspruch zu erwarten ist.

9. Habe ich einen Vorredner?

Wenn Sie einen Vorredner haben, sprechen Sie sich – wenn möglich – vorher mit ihm ab. Sollte er Sie vorstellen, so lassen Sie nicht zu viele Vorschußlorbeeren zu. Dies kann Aggressionen wecken. Vielleicht besteht auch die Möglichkeit, sein Schlußwort als Einstieg (siehe 12 Möglichkeiten Ihren Vortrag/Ihre Präsentation zu beginnen) für Ihren Vortrag zu nutzen.

10. Wie groß ist mein Zuhörerkreis?

Je größer Ihr Auditorium, um so langsamer sollten Sie sprechen! Auch ist zu berücksichtigen: Je größer die Gruppe ist, desto allgemeiner sollten Sie Ihre Ausführungen halten.

11. Bin ich auf etwaige Diskussionen am Ende der Rede vorbereitet?

Überlegen Sie sich genau, welche Fragen und Einwände am Ende Ihres Vortrages kommen können.

12. Findet mein Thema Interesse?

Die Zuhörer, die gern kommen, werden leichter zu begeistern sein, als diejenigen, die sich verpflichtet fühlen.

> Wie man startet,
> so liegt man im Rennen

5.

So beginnen Sie Vortrag und Präsentation

Der Geschäftsführer spricht zu seinen Mitarbeitern. Thema des Vortrags: Die Entwicklung unseres Unternehmens im letzten Jahr.

1. Der ernste Einstieg

Häufig ein sehr schwacher Einstieg, weil er genau der Erwartungshaltung Ihrer Zuhörer entspricht. Hier werden Zahlen, Fakten und langweilige Statistiken gleich zu Beginn aufgeführt.

Bei der Entwicklung von 6,4 % im Branchendurchschnitt haben wir nur 1,7 % erreicht. Meine Damen und Herren...

2. Der humorvolle Einstieg

Eine sehr gute Methode, wenn Sie zu Ihrem Wesen paßt und auch dem Anlaß entspricht.

Meine Damen und Herren, hier könnte normalerweise eine Statistik folgen, doch was ist eine Statistik? Schießen sie links an einer Sau vorbei und dann rechts. Statistisch gesehen ist diese Sau tot.

3. Die rhetorische Frage

Eine Frage, die Sie zu Beginn in den Raum stellen und dann selbst beantworten. Doch Vorsicht – machen Sie nach der rhetorischen Frage keine zu lange Pause: Sie können eine Antwort bekommen, die Ihnen nicht ins Konzept paßt. Dies würde Sie stark verunsichern.

Warum sind wir heute hier zusammengekommen? Was möchte ich Ihnen, meine Damen und Herren, mit meinem Vortrag heute sagen?

4. Die Provokation

Eine sehr gefährliche Methode, die Sie nur einsetzen sollten, wenn Ihnen die Zuhörer bekannt und gewogen sind oder Sie genügend Zeit haben, diesen ersten Eindruck wieder zu revidieren oder zu verbessern.

Wenn wir so weitermachen, meine Damen und Herren, werde ich im nächsten Jahr nicht mehr zu Ihnen sprechen können.

5. Beginnen Sie mit einem Zitat

Wenn Sie zu Beginn einen starken Spruch oder eine anerkannte Persönlichkeit mit einem Satz zitieren, so zeigt dies Ihre gewissenhafte Vorbereitung – das kommt bei Ihren Zuhörern sehr gut an.

Herr Jürgen Wusch, unser allseits beliebter Seniorchef, sagte mir zu Beginn des Jahres folgendes...

6. Beginnen Sie mit einem eigenen Reim

Wenn Sie einen guten Reim »dichten«, so ist dies auf jeden Fall origineller als der Einstieg mit einer Statistik.

Das Gesamtergebnis des letzten Jahres war nicht gut, doch die jetzige Entwicklung macht uns Mut.

7. Der aktuelle Bezug

Wenn Ihnen eine aktuelle Meldung aus Rundfunk, Presse und Fernsehen einfällt, wird man Ihnen interessiert zuhören.

Eine wichtige Meldung in unserer Tageszeitung am heutigen Tage lautet...

8. Wählen Sie ein persönliches Erlebnis/ Anekdote

Statt einem aktuellen Bezug ist ein Einstieg über ein Erlebnis bzw. eine Situation, die nur Sie kennen möglich. Sie sollte den Zuhörern nicht bekannt sein.

Während meiner heutigen Fahrt ins Büro fiel mir eine Anekdote aus den Anfängen unserer Firma ein...

9. Wählen Sie einen Vergleich

Bildhafte Sprache belebt Ihre Ausführungen. »Ein Bild sagt mehr als 1000 Worte«, so sagt schon ein chinesisches Sprichwort.

Unser Unternehmen ist ein Luxusdampfer. Wir genießen ein hohes Ansehen, haben eine gute Mannschaft...

10. Beginnen Sie mit einem Zuhörerkompliment

Dies erzielt fast immer eine positive Wirkung, denn wer von uns hört nicht gern etwas Nettes?

Ihr Erscheinen beweist, wie sehr...

11. Wählen Sie die Demonstration

Sie können zu Beginn sowohl ein optisches als auch ein akustisches Hilfsmittel einsetzen.

So hat z. B. der Direktor eines großen Versicherungskonzerns zu Beginn und zum Abschluß seines Vortrags anläßlich der Außendiensttagung das Lied »We are the champions« eingespielt.

Praxistip

Der Standpunkt macht es nicht, sondern die Art, wie man ihn vertritt.

12. Beginnen Sie mit der Anknüpfungstechnik

Eine der glänzendsten Methoden überhaupt: Sie nutzen etwas, was Sie direkt vor Beginn Ihres Vortrags/Ihrer Präsentation sehen bzw. hören.

Ein Blumenstock/eine Blume mit herunterhängender Blüte. Meine Damen und Herren, so müssen wir nicht den Kopf hängen lassen...

> Diese 12 Möglichkeiten, Ihren Vortrag/Ihre Präsentation zu beginnen, können Sie natürlich auch nutzen, um einen guten Schluß zu finden.

> **Praxistip**
>
> Begrüßen Sie die Ehrengäste ihrer »Wertigkeit« nach, doch übertreiben Sie nicht! Mehr als sieben Einzelpersonen zu begrüßen, ist meist ermüdend für das Publikum. Vermeiden Sie es also, zu viele Ehrengäste namentlich zu nennen, sonst verlieren Sie an Dynamik. Und außerdem steigt – so paradox es klingt – die Wahrscheinlichkeit, daß sich ein Zuhörer in der Runde übergangen fühlt.

6. So drücken Sie Negatives positiv aus

»Da haben Sie mich falsch verstanden...«

oder

»...und ich möchte hier nochmals einwenden...«

Dies sind typische Formulierungen aus Vorträgen und Präsentationen, die, kombiniert mit anderen Begriffen, belehrend und arrogant auf Zuhörer wirken.

Ihr Vortrag wird zu mindestens 51% nach den Äußerlichkeiten und lediglich zu höchstens 49% nach dem Fachwissen beurteilt.

KAPITEL 6

**"Haben Sie noch eine Frage?
Ich habe noch ein ganz starkes Argument."**

Entnommen aus »Ruhleders Sprüche und Zitate«,
Max Schimmel Verlag, Würzburg

So drücken Sie Negatives positiv aus

Nachfolgend Beispiele für Minus-Formulierungen aus Vorträgen und Präsentationen:

Das sagen Sie:	Das denkt der Zuhörer:	So ist es besser:
Sie müssen folgendes...	Ich muß gar nichts!	Bitte beachten Sie...
Darauf kommt es nicht an	Worauf denn?	Ersatzlos streichen!
Tricks	Will der uns täuschen?	Methoden, Ideen
Das ist doch logisch	Das entscheide ich, was logisch ist. Oder heißt das, daß ich unlogisch argumentiere?	Ich habe folgende Erkenntnis...

So drücken Sie Negatives positiv aus

Der Zuhörer behält

- nur durch Hören ca. 10 %
- nur durch Sehen ca. 10 %
- durch Hören und Sehen 30 % – 40 %
- durch aktives Mitwirken sogar 60 % – 70 %!

> **Praxistip**
> Recht haben und recht behalten sind zwei verschiedene Dinge.

KAPITEL 6

Das sagen Sie:	Das denkt der Zuhörer:	So ist es besser:
Das gibt es doch gar nicht	So ein Angeber, da werde ich mich kundig machen	Das ist für mich neu!
Das sehe ich völlig anders	Ja? Dann wollen wir mal...	Ersatzlos streichen!
Das habe ich nicht gemeint	Da wäre ich ja nie darauf gekommen!	Ich bin der Ansicht...
Sie sind auf dem Holzweg!	Sie auch!	Ersatzlos streichen!

SEITE 41

So drücken Sie Negatives positiv aus

KAPITEL 6

So drücken Sie Negatives positiv aus

7.

So setzen Sie Hilfsmittel ein

Eine Meldung zeigt,

> Einen neuen Weg beschreiten will Bundesfinanzminister Hans Matthöfer, um seinen Parlamentskollegen die schwierige Finanzlage plastisch vor Augen zu führen. Der Sozialdemokrat plant, seine nächste Haushaltsrede im Bundestag mit Lichtbildern zu garnieren. Der Bundesadler an der Stirnseite des Plenarsaals würde dann von einer riesigen Leinwand verdeckt, auf die Matthöfer Finanzkurven und Zahlenmaterial projizieren könnte.
>
> Aus »Der Spiegel«

daß schon vor mehr als einem Jahrzehnt – sogar im Bundestag – über Hilfsmittel nachgedacht wurde.

KAPITEL 7

Es gibt fast keine Gelegenheit, bei der Sie nicht das Auge ansprechen können. Im Gegenteil: Es ist ein unabdingbares Muß. Sie können heute nur noch gewinnen, wenn Sie in Vorträgen und Präsentationen, ja sogar in Diskussionen und Debatten, Ihre Aussagen visuell unterstreichen.

Welche Hilfsmittel können Sie nun einsetzen und welche Vorteile – aber auch Nachteile – haben diese?

Didaktische Hilfsmittel	Vorteile (+)	Nachteile (-)
1. Tafel	sehr große Fläche, Sehen und Hören, ohne Strom, vertrauenswürdig, eigene Gestaltungsmöglichkeiten	keine Speichermöglichkeiten, Schmutz, schwieriger Transport, Rükken zu den Teilnehmern, schlechte Qualität, Lesbarkeit

So setzen Sie Hilfsmittel ein

Didaktische Hilfsmittel	Vorteile (+)	Nachteile (-)
2. Flipchart	kein fester Standort, dient zur Vorbereitung, Zurückblättern möglich, nicht abwischbar	kleine Fläche, nur bei kleinen Gruppen, Lesbarkeit
3. Overheadprojektor	guter Blickkontakt, besonders demonstrativ, bessere Vorbereitung, für größeren Zuhörerkreis geeignet, farbige Schrift	zeitaufwendig, Technik, »impulsiv«, Zeitdauer, Barriere zu den Teilnehmern, Lesbarkeit.

Didaktische Hilfsmittel	Vorteile (+)	Nachteile (-)
4. Dia-Karussell	gute Vorbereitung, bessere Transportmöglichkeit, für größere Gruppen geeignet, lebendig	Dunkelheit, starres Konzept, Geräusche, unpersönlich, technisch kompliziert
5. Videoanlage	bei Trainingsvorträgen (in kleinen Gruppen), Selbstkritik, Bewegungen, Wiederholbarkeit möglich	Technik, Zeitaufwand, Bedienung, Störanfälligkeit, Kosten hoch, technisch kompliziert

Wann werden Sie Ihren nächsten Vortrag oder Ihre Präsentation mit Hilfsmitteln unterstreichen und ausbauen?

8.

So bauen Sie Ihren Vortrag und Ihre Präsentation auf

Sie kommen bei jedem Vortrag und bei jeder Präsentation mit zehn Bausteinen aus, die Sie nacheinander gruppieren und die sich – sofern Sie Ihr Thema inhaltlich im Griff haben – mühelos zusammenfügen.

1. Starten Sie mit Schwung!

Kommen Sie weg vom »Otto-Normalverbraucher-Einstieg«. Warum wollen Sie den Einstieg wählen, den jeder von Ihnen erwartet? Überraschen Sie positiv! Wählen Sie eine der 12 Möglichkeiten, um Ihren Vortrag zu beginnen. Dies wird Ihrem Start Schwung verleihen und Ihrem Vortrag/Ihrer Präsentation die gebührende Aufmerksamkeit sichern.

2. Begrüßen Sie dann Ihr Publikum

Richtig – erst nach dem eigentlichen Anfang begrüßen Sie Ihr Publikum! Zu einer glänzenden Präsentation und einem guten Vortrag gehört, daß Sie sich vom üblichen Beginn – Begrüßung und dann Einstieg in die Thematik – abheben.

Praxistip

Lassen Sie die Anrede und die Begrüßung in den zweiten oder dritten Satz einfließen. Machen Sie es anders als andere!
Statt »*Ich begrüße Sie, meine Damen und Herren*« besser »*Wie war die Entwicklung im letzten Jahr? Was hat uns hier zusammengeführt? Meine Damen und Herren, ich begrüße Sie ganz herzlich...*«

3. Geben Sie nun den Rahmen vor

Damit sich das Publikum »seelisch und moralisch« auf das einstellen kann, was kommt, geben Sie in einer kurzen Gliederung (aber wirklich nur kurz!) wieder, was Ihre Zuhörer in den nächsten zwanzig oder dreißig Minuten erwartet. (Den Faktor »Zeit« sollten Sie allerdings nur nennen, wenn Sie ganz sicher sind, daß Sie sich an den vorgegebenen Zeitrahmen auch halten!)

4. Stellen Sie sich selber vor

Aus der Vorstellung soll deutlich werden, in welcher Funktion und mit welcher Kompetenz Sie vor diesem Auditorium sprechen. Beschränken Sie sich bei der Vorstellung auf das Wesentliche.

Wenn Sie zum Vortrag vor einem unbekannten Zuhörerkreis eingeladen wurden, vergessen Sie nicht den Dank für die Einladung.

| KAPITEL 8 |

**Nicht alle, die viel reden,
sagen wirklich was los ist.**

Entnommen aus »Ruhleders Sprüche und Zitate«,
Max Schimmel Verlag, Würzburg

5. Schildern Sie jetzt die Fakten

Stellen Sie den Ist-Zustand dar, bringen Sie Fakten, beschreiben Sie die Ausgangslage, definieren Sie schwierige Begriffe. (Unter »Motivation/Manipulation« beispielsweise versteht jeder etwas anderes.)

6. Zeigen Sie Konsequenzen auf

Ziehen Sie Konsequenzen aus dem Ist-Zustand. Wenn es das Ziel Ihrer Rede ist, daß sich etwas ändern muß, handelt es sich meist um negative Schlußfolgerungen.

7. Bieten Sie eine Schein-Alternative an

Zeigen Sie nun mit ernster Miene einen unechten, halbherzigen Lösungsvorschlag auf.

Die Zuhörer greifen gern nach dem kleinsten Strohhalm, wenn sie keinen anderen Ausweg mehr sehen. Es handelt sich hier jedoch um einen rhetorischen Kunstgriff, der Ihren wirklichen Lösungsvorschlag nur vorbereiten soll.

8. Präsentieren Sie nun die echte Lösung

Jetzt unterbreiten Sie eine wirklich überzeugende Lösung.

Die Zuhörer werden Ihren Lösungsvorschlag um so leichter akzeptieren, weil sie (Punkt 7) eine weit weniger praktikable Variante vorangestellt haben. Sie werden feststellen, daß Ihnen die Zuhörer durch diese Methode viel aufmerksamer folgen werden, als wenn Sie Ihren Lösungsvorschlag sofort präsentiert hätten.

Praxistip

Bitte beachten Sie, daß der Schluß »sitzen« muß. Denken Sie an die Weltklasseturner, die immer nach dem Motto handeln »Ein guter Abgang ziert die Übung«.

Ihr Abgang sollte einen Höhepunkt bilden, bei dem Sie brillant und sicher auf beiden Füßen landen. Dann wird Ihnen der Beifall gewiß sein!

9. Bringen Sie Ihren Zielsatz

Begründen Sie jetzt noch einmal, warum Sie diesen Lösungsvorschlag für richtig halten. Bringen Sie schließlich Ihre »Botschaft« auf den Punkt. Am besten in Form eines Mottos, auch Ziel- oder Zweck-Satz genannt.

Motto für den Vortrag »Die Arbeit der Deutschen Lebensrettungs-Gesellschaft«: »Werdet Mitglied« oder »Spendet mehr«.

10. Finden Sie einen guten Abschluß

Die drei klassischen Möglichkeiten, wie Sie Ihre Rede beenden können, sind beliebig kombinierbar. Sie können

- zusammenfassen,
- appellieren,
- nach vorne weisen.

Natürlich – und damit schließt sich der Kreis – können Sie den Schluß – genau wie den Einstieg – provozierend, humorvoll, fragend gestalten.

KAPITEL 8

> Und wie lang darf meine Rede sein?
> Ganz einfach:
> so lang, daß sie jedem kurz vorkommt.

Der Aufbau eines Vortrags/einer Präsentation – die 10 Bausteine

So bauen Sie Ihren Vortrag und Ihre Präsentation auf

Der Aufbau eines Vortrags/einer Präsentation – die 10 Bausteine

Hauptteil

5 Fakten, Ist-Zustand, Definitionen ← Auf Deutschlands Straßen jährlich 9.000 Tote...

6 Negative Konsequenzen — Wenn wir so weitermachen, werden bis zum Jahr 2000 vier weitere Kleinstädte menschenleer sein...

7 **Alternative I** (Scheinlösung): Wie es nicht gelöst werden sollte — Mein Vorschlag: Lassen Sie uns die Autos abschaffen, dann...

Der Aufbau eines Vortrags/einer Präsentation – die 10 Bausteine

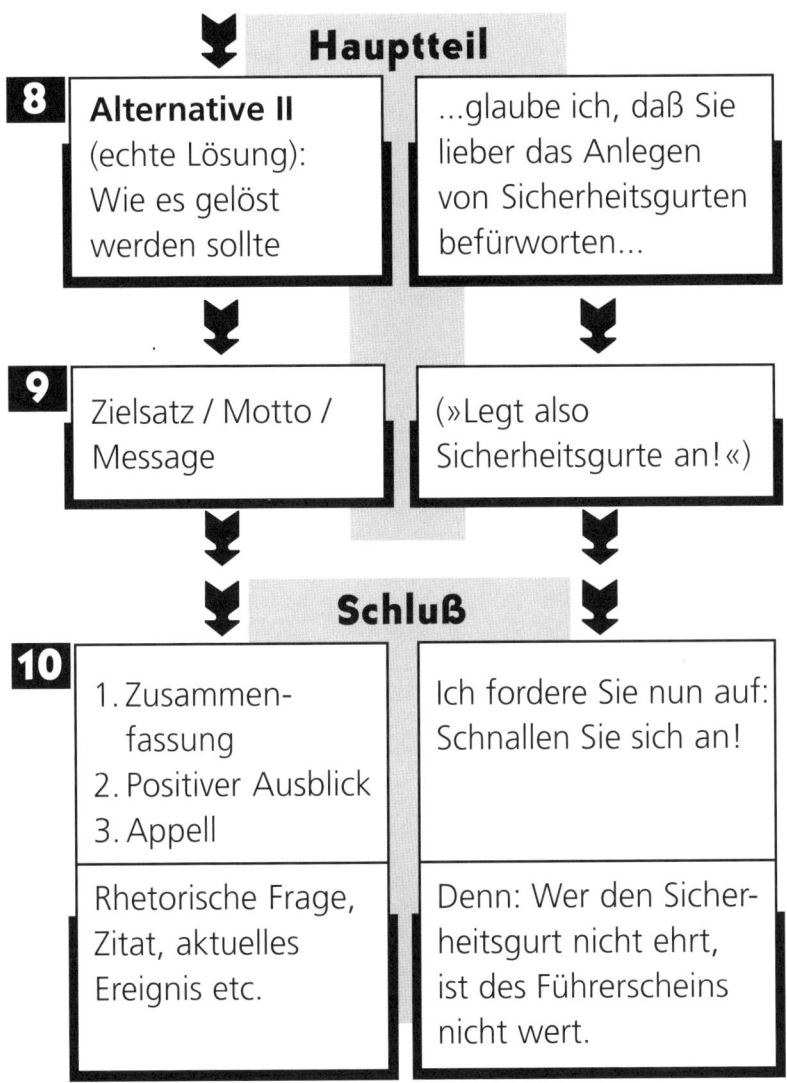

Haupttteil

8 Alternative II (echte Lösung): Wie es gelöst werden sollte
...glaube ich, daß Sie lieber das Anlegen von Sicherheitsgurten befürworten...

9 Zielsatz / Motto / Message
(»Legt also Sicherheitsgurte an!«)

Schluß

10
1. Zusammenfassung
2. Positiver Ausblick
3. Appell

Ich fordere Sie nun auf: Schnallen Sie sich an!

Rhetorische Frage, Zitat, aktuelles Ereignis etc.

Denn: Wer den Sicherheitsgurt nicht ehrt, ist des Führerscheins nicht wert.

KAPITEL 8

**So bauen Sie Ihren Vortrag und
Ihre Präsentation auf**

9.

So vergrößern Sie Ihren Wortschatz

Unser aktiver Wortschatz – Wörter die wir im Laufe eines Jahres verwenden – (ohne Doppelzählung) liegt zwischen 2.000 und 4.000.

Unser passiver Wortschatz – Wörter, die wir kennen und nicht in unseren aktiven Wortschatz übernehmen – macht das Zwei- bis Dreifache aus.

Wollen wir nicht versuchen, unsere Vorträge/Präsentationen interessanter zu gestalten? Dann sollten wir darauf achten, möglichst wenige Wörter doppelt zu benutzen.

Eine Ausnahme ist die Wiederholungstechnik, um besondere Wirkung zu erzielen.

Spätestens, wenn Sie dreimal hintereinander formuliert haben »Das ist echt gut«, glaubt es Ihnen niemand mehr. Hier sind dann Ausdrücke wie »ausgezeichnet«, »sehr gut«, »einmalig«, »bestens« – je nach Inhalt – lebendiger und inhaltsreicher.

Ihren Wortschatz erweitern Sie durch folgenden Stufenplan:

1. Halblautes Lesen von Zeitungen und Zeitschriften (z.B. Fachzeitschriften oder den Wirschaftsteil).

   Das Ziel ist die gedächtnis- und verstandesmäßige Erfassung von Fachbegriffen und Fremdwörtern. So erweitern Sie Ihren passiven Wortschatz.

2. Ersetzen Sie neue, unbekannte Worte in der Zeitung durch andere – Ihnen bekannte – Ausdrücke mit sinngemäß gleicher Bedeutung.

3. Ersetzen Sie alle allgemeinen Ausdrücke im Text durch Ihnen bekannte, sinnverwandte Begriffe. So erweitern Sie Ihren aktiven Wortschatz. Der zuvor erweiterte passive Wortschatz wird durch Aufnahme in den Sprachgebrauch zum aktiven Wortschatz.

4. Schreiben Sie Zeitungsberichte und Artikel um. Als gutes Beispiel dient hier das Umschreiben von Sportberichten, da sie sehr oft den gleichen Wortlaut haben.

KAPITEL 9

Checklist:

Die Checklist sagt Ihnen, ob Sie einen guten Wortschatz haben oder auf dem Wege sind, sich diesen zu erarbeiten.

	Ja	Nein
Lesen Sie regelmäßig?		
Lesen Sie Fachbücher und Belletristik?		
Haben Sie Ihre Stimme schon öfter auf Video oder auf dem Cassettenrecorder gehört?		
Greifen Sie aktiv in Debatten und Diskussionen ein?		
Lösen Sie Kreuzworträtsel?		
Sind Ihre Berichte/Stellungnahmen kreativ und A A A A - Anders Als Alle Anderen?		
Haben Sie in den letzten 12 Monaten mindestens 5 gute Vorträge/Präsentationen gehört?		

	Ja	Nein
Haben Sie in den letzten 6 Monaten ein bis zwei gute Schauspiele gesehen?		
Lassen Sie Ihre Äußerungen/Ihren Wortschatz durch andere kritisch überprüfen?		
Ist Ihnen bei anderen ein besonders großer/kleiner Wortschatz schon aufgefallen?		

Wenn Sie mindestens sieben dieser zehn Fragen mit »JA« beantworten, brauchen Sie sich – wahrscheinlich – keine Sorgen um Ihren Wortschatz zu machen.

KAPITEL 9

10.

So bauen Sie
Ihren Stichwortzettel auf

Schon manche Überraschung hat ein Redner erlebt, der zum ersten Mal während seines Vortrags mit einem »Stichwortzettel« gearbeitet hat. Ihm brach der Schweiß aus – und die Zuhörer hatten ihre helle Freude am »Kampf des Redners mit den Zetteln«.

Vorab sei jedoch gesagt, daß eine vollständig ausgearbeitete Rede (»Wort für Wort«) viel mehr Nachteile hat. Der Redner wirkt unsicher, verkrampft, er kann keinen Blickkontakt halten und ist weder zeitlich noch inhaltlich flexibel.

KAPITEL 10

***Wer selbst redet,
verliert eher den Faden.***

Entnommen aus »Ruhleders Sprüche und Zitate«,
Max Schimmel Verlag, Würzburg

SEITE 66

**So bauen Sie
Ihren Stichwortzettel auf**

KAPITEL 10

Auch das andere Extrem – die völlig freie Rede – ist nur in Ausnahmefällen angebracht. Selbst exzellente Redner, die jederzeit ohne Stichwortzettel reden könnten, benutzen ihn. Mehrere Gründe sind hierfür ausschlaggebend:

- Sie können wichtige Gedankengänge nicht vergessen bzw. an der falschen Stelle vortragen.

- Sie werden nicht unsicher, und Ihre Nervosität ist geringer, da Ihnen der Stichwortzettel als »Rettungsanker« dient, falls das Gedächtnis einmal aussetzen sollte.

- Sie können Ihren zeitlichen Ablauf kontrollieren, wenn Sie entsprechende Zeitangaben auf jedem Stichwortzettel gemacht haben.
Sie können dann Ihre Rede kürzen oder zusätzliche Punkte einbauen.

- Sie können z.B. auch nach provozierenden Zwischenrufen Ihre Rede leichter fortsetzen.

**So bauen Sie
Ihren Stichwortzettel auf**

- Sie deuten damit an, daß Sie sich auf diese Rede sorgfältig vorbereitet haben.
- Sie vermeiden es, zu perfekt und routiniert zu wirken.
- Sie halten Ihre Hand, die den Stichwortzettel hält, in der positiven oberen Zone.

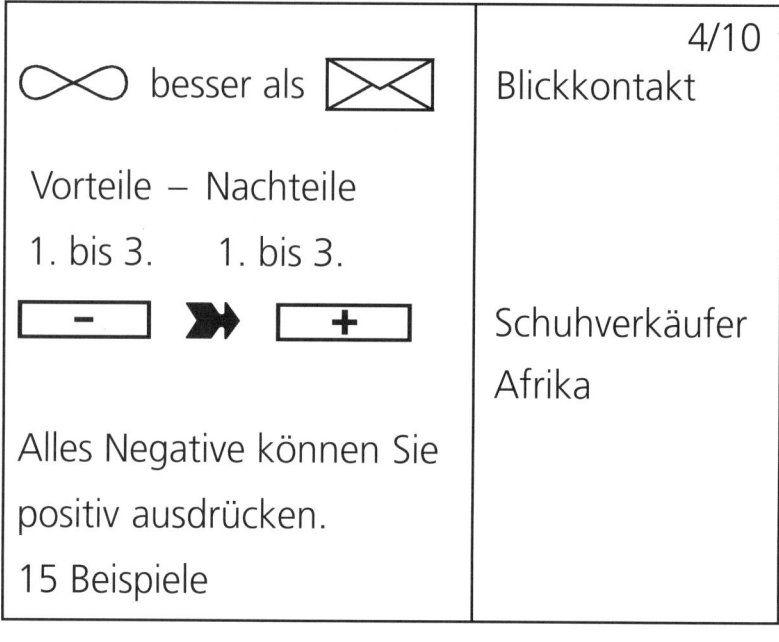

Wie sollte der Stichwortzettel aussehen?

1. Als Format hat sich DIN A5 oder DIN A6 (Postkartengröße/Karton) besonders bewährt.

   Unterteilen Sie den Stichwortzettel in Hauptstichwörter (3/4 des Kartons) und Nebenstichwörter (1/4).

2. Numerieren Sie Ihre Blätter durch und teilen Sie Ihre Zeit ein.

   4/10 bedeutet: 4. Karteikarte, die bis zur 10. Minute abgeschlossen sein soll.

3. Auch können Sie zusätzlich am Rand vermerken, was Sie besonders beachten wollen (Blickkontakt, Modulation, Pausen etc.).

4. Malen Sie sich kleine symbolische Bilder auf den Stichwortzettel. Bilder sind während des Vortrages meist eine wertvolle Gedankenstütze.

Symbole:	Bedeutung:
	Telefonhörer
	Brief

	Aussage:
	Telefonieren ist besser als Briefeschreiben.

Praxistip

Nehmen Sie gerade dann den Stichwortzettel, wenn Sie Ihre Rede perfekt beherrschen. Sie strahlen damit – unabhängig davon, daß der Stichwortzettel ein Rettungsanker sein kann – mehr Menschlichkeit aus. Bei perfekt Vortragenden klingt die Rede sehr oft wie auswendig gelernt.

11.

So nutzen Sie Ihre Sprechtechnik

Die eigene Stimme klingt fremd, die eigene Sprache wirkt hölzern und eine Sprechpause während Ihres Vortrags oder Ihrer Präsentation kommt negativ an. Wirklich?

Zwischen Selbst- und Fremdeinschätzung liegen Welten. Nutzen Sie die Checklist Selbst- und Fremdeinschätzung. Legen Sie eine Kopie dieser Seiten einer Person, die Sie sehr gut kennt, vor, und lassen Sie sie eine Einschätzung Ihrer Sprechtechnik vornehmen. Sie selbst tragen Ihre eigene Meinung zu Ihrem Vortrag/Ihrer Präsentation ein. Sie werden erstaunt sein über die unterschiedliche Bewertung!

Selbst- und Fremdeinschätzung
Sprechbeginn

| schüchtern | | bestimmt |
| langweilig | | originell |

Sprechtempo

| schnell | | langsam |
| rhythmisch | | abgehackt |

Stimmstärke

| laut | | leise |
| hart | | weich |

Stimmlage (Modulation)

| hoch | | tief |
| dünn | | voluminös |

Satzbau
kurz ▢▨▨▨▨ lang

Inhalt
konkret ▢▨▨▨▨ abstrakt

sagt zu viel ▢▨▨▨▨ sagt zu wenig

Fremdwörter
häufig ▢▨▨▨▨ selten

Wiederholungen
häufig ▢▨▨▨▨ selten

Idealzustand

Sprechbeginn

schüchtern	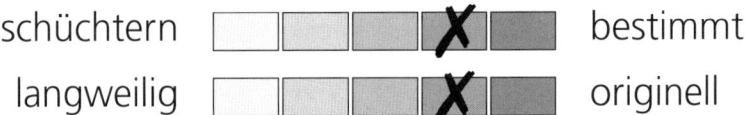	bestimmt
langweilig		originell

Sprechtempo

schnell	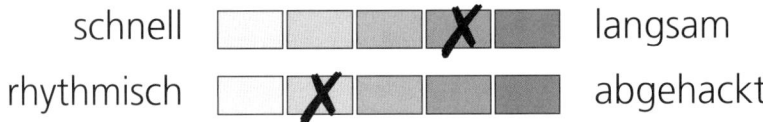	langsam
rhythmisch		abgehackt

Stimmstärke

laut	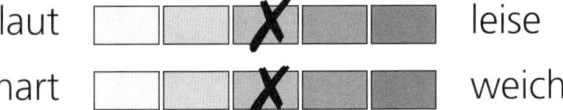	leise
hart		weich

Stimmlage (Modulation)

hoch	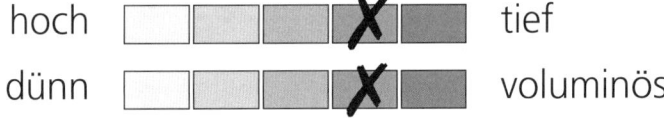	tief
dünn		voluminös

Satzbau

kurz ☐☒☐☐☐ lang

Inhalt

konkret ☐☒☐☐☐ abstrakt

sagt zu viel ☐☐☒☐☐ sagt zu wenig

Fremdwörter

häufig ☐☐☐☐☒ selten

Wiederholungen

häufig ☐☐☐☐☒ selten

KAPITEL 11

So nutzen Sie Ihre Sprechtechnik

12.

So gewinnen Sie immer die Aufmerksamkeit

Wenn die Konzentration Ihrer Zuhörer bei einer Präsentation nachläßt, gibt es eine Vielzahl von Methoden, um diese wieder zu begeistern. Nutzen Sie die nachfolgenden:

Methode 1: Machen Sie eine gekonnte Pause

Eine der schärfsten Waffen überhaupt. Die längere Pause weckt den unaufmerksamen Zuhörer.

Methode 2: Ändern Sie Ihre Sprechtechnik

Verbessern Sie Ihre Modulation indem Sie einmal etwas höher, tiefer, lauter und leiser, langsamer oder schneller sprechen. Spielen Sie mit Ihrer Stimme. Dies wird bei allen Teilnehmern zu größerer Aufmerksamkeit führen.

Methode 3: Kündigen Sie Höhepunkte an

Eine Kaffeepause und das bevorstehende Ende Ihrer Präsentation sind absolute Höhepunkte! Sie müssen sich jedoch an die von Ihnen selbst gegebenen Zusagen halten.

Praxistip

Am Beginn Ihrer Rede/Ihres Vortrags können Sie ein wenig lauter sprechen, um damit Ihren Zuhörern schon eine gewisse Sicherheit zu demonstrieren. Eine leise Stimme signalisiert sehr oft Unsicherheit.

Methode 4: Setzen Sie Hilfsmittel ein

Flipchart, Overheadprojektor oder Tafel erhöhen die Aufmerksamkeitswirkung um das Drei- bis Vierfache.

Methode 5: Provozieren Sie

Sie sprechen einen Namen falsch aus oder überziehen in Ihren Äußerungen. Bringen Sie dies jedoch mit entsprechend lustiger Miene, damit jeder erkennt, daß Sie diese Methode bewußt eingesetzt haben.

Methode 6: Stellen Sie Fragen

Wenn Sie Fragen an Ihr Publikum richten, so wird es aktiviert und zur Aufmerksamkeit gezwungen. Wählen Sie jedoch jemanden aus Ihrem Zuhörerkreis, der Ihre Frage auch beantworten kann!

Methode 7: Setzen Sie rhetorische Fragen ein

Eine rhetorische Frage wird von dem Vortragenden selbst beantwortet: »Was halten Sie von... Ich sage es Ihnen, meine Damen und Herren.«

Methode 8: Setzen Sie akustische Signale ein

Bevor Ihre Zuhörer endgültig einschlafen – machen Sie Lärm! Werfen Sie Ihr Glas um oder kratzen Sie am Mikrofon. Sie werden verblüfft sein, welche Wirkung das erzielt.

Methode 9: Wechseln Sie den Standort

Dies kann beim Einsatz von Hilfsmitteln geschehen. Oder organisieren Sie ein tragbares Mikrofon. So können Sie ab und zu auf Ihr Publikum zugehen. Eine Methode, die sich immer dann empfiehlt, wenn es mehr als 30 Zuhörer sind. Bei Präsentationen sollten Sie stets von dieser Möglichkeit Gebrauch machen.

Methode 10: Frische Luft kann Wunder vollbringen

Lassen Sie doch einmal das Fenster öffnen und Frischluft herein. Vielleicht können Sie sogar den Schläfer bitten, für Frischluft zu sorgen. Das weckt!

Methode 11: Beziehen Sie den Schläfer ein

Eine sehr gefährliche – meist provozierende – Methode, die Sie nur in Ausnahmesituationen einsetzen dürfen. Und auch nur, wenn Sie genau wissen, daß die restlichen Zuhörer hinter Ihnen stehen.

Methode 12: Machen Sie bewußt eine falsche Aussage

Eine Methode, die Sie in Ausnahmefällen und nur, wenn Sie sich sehr sicher fühlen, einsetzen dürfen. Korrigieren Sie Ihre Aussage später unbedingt, damit diese nicht gegen Sie verwandt werden kann!

KAPITEL 12

**Man kann einem Menschen am besten
die Zähne zeigen, indem man ihn anlächelt.**

Entnommen aus »Ruhleders Sprüche und Zitate«,
Max Schimmel Verlag, Würzburg

Methode 13: Wechseln Sie Ihre Vortragsart

Wenn Sie Ihre Zuhörer aktivieren können, ist der Erfolg Ihrer Präsentation viel größer. Die Gedächtnishaftung liegt bei 60 % – 70 %. Auch können Sie bei vielen Präsentationen in kleinen Arbeitsgruppen Kurzthemen diskutieren lassen.

Methode 14: Setzen Sie überzogene Gesten ein

Unmotivierte, übertriebene Gesten in Richtung des unaufmerksamen Zuhörers – kombiniert mit einem festen Blickkontakt – können ihn sehr schnell wieder aktivieren.

Methode 15: Lockern Sie durch Humor auf

Nehmen Sie sich nicht so wichtig! Ein kurzer Witz, eine treffende Anekdote oder ein lustiges Wortspiel können jede Präsentation und jeden Vortrag auflockern. Finden Sie danach jedoch unbedingt wieder zur sachlichen Aussage zurück.

Methode 16: Sprechen Sie den Nachbarn des Schläfers an

Die eleganteste Lösung überhaupt! Wenn Sie den Nachbarn des unaufmerksamen Zuhörers in Ihre Ausführungen einbeziehen können, so weckt ihn dies garantiert. Was meinen Sie, wie hellwach der Schläfer wird, wenn es plötzlich neben ihm einschlägt und er eine Stimme hört. Vielleicht erkundigt er sich sogar, ob er bereits hätte antworten sollen...

13.

So vermeiden oder überspielen Sie den Blackout

Wem ist es noch nicht so ergangen? Mitten in einer gut aufgebauten, klar gegliederten und wohldurchdachten Rede fehlen die Worte. Die berühmte und vielzitierte »Mattscheibe« hat uns erwischt.

Wenn Sie die nachfolgenden Empfehlungen beachten, wird Ihnen eine der hier aufgezeigten Möglichkeiten den Moment des Steckenbleibens überwinden helfen.

1. Versuchen Sie, durch besonders langsames Sprechen wieder den Anschluß zu finden.

2. Legen Sie ruhig des öfteren eine Pause ein. Seien Sie versichert: Eine Pause stört in den seltensten Fällen. Nur Sie selbst haben das Gefühl, daß jeder Zuhörer den Aussetzer sofort bemerkt hat!

3. Fassen Sie den gesamten letzten Abschnitt noch einmal zusammen. Sagen Sie zum Beispiel:

   »Zusammenfassend lassen Sie mich folgendes sagen...«

4. Wiederholen Sie Ihren letzten Satz. So gewinnen Sie Zeit zum Überlegen.

5. Wenn es nicht zu umgehen ist, so sagen Sie entwaffnend ehrlich die Wahrheit:

   »Nun habe ich den Faden verloren.«

   Es gibt nur sehr wenige Situationen, in denen Sie sich ein solch offenes Wort nicht leisten können.

6. Stellen Sie Fragen an die Zuhörer. So verschaffen Sie sich eine Atempause. Zum Beispiel:

   »Haben Sie noch Fragen zu meinen bisherigen Ausführungen?«

7. Wechseln Sie einfach das Thema:

   »*Kommen wir nun zu einem weiteren Abschnitt.*«

8. Setzen Sie visuelle Hilfsmittel ein, die Sie in Reserve gehalten haben:

   »*Zur Vervollständigung meiner Ausführungen nochmals ein Schaubild...*«

9. Wenn die Zeit weit genug fortgeschritten ist:

   »*Meine Damen und Herren, Sie haben jetzt eine Kaffeepause verdient.*«

10. Halten Sie eine lustige Geschichte (Gag) bereit:

    »*An dieser Stelle fällt mir eine lustige Episode ein...*«

 **Praxistip**

Machen Sie es am besten wie Bismarck: Sehen Sie Ihre Zuhörer nicht als Menschen an, die Ihnen Böses wollen. Bismarck soll sich stets vorgestellt haben, vor Kohlköpfen zu sprechen.

So nicht:

»*Wenn Sie meinen, Sie könnten mich mit Ihrem Zwischenruf verwirren...*«

Der nächste Zwischenruf wird dann womöglich lauten:

»*Sie sind doch schon verwirrt...*«

So vermeiden oder überspielen Sie den Blackout

14.

So begegnen Sie Zwischenrufen

1. Möglichkeit: Überhören Sie.

Die beste und wichtigste Waffe überhaupt. Spätestens nach drei oder vier lauten Kommentaren müssen Sie allerdings reagieren.

2. Möglichkeit: Antworten Sie schlagfertig.

Sie überraschen Ihren Frager mit Ihrer Antwort und haben damit sehr oft auch die Lacher auf Ihrer Seite.

3. Möglichkeit: Geben Sie den Kommentar an die Zuhörer weiter.

Ist der Zwischenruf von allgemeinem Interesse, sollten Sie darauf eingehen. Voraussetzung ist jedoch, daß das Publikum hinter Ihnen steht.

4. Möglichkeit: Stellen Sie direkte Gegenfragen.

»Wie meinen Sie das?« »Wie darf ich Ihren Kommentar verstehen?« Sie werden feststellen, wie sehr Sie Ihren Gegner verblüffen, denn er ist kaum in der Lage, kurz und präzise darauf einzugehen.

5. Möglichkeit: Fangen Sie Zwischenrufe – vorher – ab.

Wenn Sie vorab darum bitten, bei Kommentaren aufzustehen, den Namen und die Postion zu nennen sowie nach vorn zu kommen, werden sich viele Zwischenrufe verkneifen.

6. Möglichkeit: Setze Sie die Ja-Aber-Methode* ein.

»Sie haben recht, jedoch...«, »Natürlich kann man das so sehen, obwohl...«

Stimmen Sie Ihrem Gegenüber **scheinbar** zu und formulieren Sie anschließend Ihre eigene Meinung.

Praxistip

* Ja-Aber-Methode =
Ersetzen Sie »Ja« durch eine andere, rechtgebende Formulierung, wie »Natürlich kann man das so sehen« oder »Das ist aus Ihrer Sicht richtig« und das Wort »aber« durch »allerdings«, »obwohl«, »jedoch«, »nur«.

7. Möglichkeit: Neutralisieren Sie.

Bereiten Sie sich auf Zwischenrufe vor und neutralisieren Sie diese, indem Sie sie kommentieren: »Ich habe mit dieser Frage gerechnet. Bitte haben Sie Verständnis, daß ich im Sinne der anderen Zuhörer jedoch zunächst mit meinem Vortrag fortfahre.«

8. Möglichkeit: Verwenden Sie eine dialektische Methode...

Es erzielt große Wirkung, wenn Sie höhere Werte ins Spiel bringen können, wie Liebe, Vaterland und Ehre. Fragen Sie dann, ob dies wirklich der passende Rahmen für Zwischenrufe ist.

9. Möglichkeit: Appellieren Sie an die Fairness.

Erinnern Sie Ihren unfairen Zwischenrufer an allgemeine Spielregeln. Fragen Sie ihn doch einmal, wie er sich an Ihrer Stelle jetzt verhalten würde.

10. Möglichkeit: Verschieben Sie.

Sagen Sie dem Zwischenrufer, daß Sie auf diesen Kommentar im Laufe Ihres Vortrags noch eingehen werden. Auch können Sie mit ihm »gern später über diesen Aspekt sprechen«.

Praxistip

Vermeiden Sie die Worte »Zwischenrufe« und »Einwände«. Dies zeigt, daß Sie sich getroffen fühlen. Sprechen Sie lieber von »Fragen« und »Kommentaren«.

Praxistip

Heitere Zwischenrufe sollten Sie ernst und ernste Zwischenrufe eher heiter beantworten.

15.

So würzen Sie Ihren Vortrag und Ihre Präsentation

Aphorismen – Sprüche – Zitate

Jedes überflüssige Wort wirkt seinem Zweck gerade entgegen.

(Arthur Schopenhauer)

Es genügt nicht, zur Sache zu reden. Man muß zu den Menschen reden.

(Stanislaw Lec)

Reden lernt man durch reden.

(Marcus Tullius Cicero)

Ich behaupte, daß eine mittelmäßige Rede unter der Gewalt eines vollendeten Vortrags mehr Eindruck macht als die vollendete, bei der der Vortrag mangelt.

(Marcus Fabius Quintilian)

KAPITEL 15

Allein der Vortrag macht des Redners Glück.
　　　　　　　　(Johann Wolfgang von Goethe)

Nicht das Argument, sondern die Person überzeugt.
　　　　　　　　(Friedrich Sieburg)

Es ist ein Beweis hoher Bildung, die größten Dinge auf einfachste Art zu sagen.
　　　　　　　　(Ralph Emerson)

Geistreich sein heißt, sich leicht verständlich zu machen, ohne deutlich zu werden.
　　　　　　　　(Jean Anouilh)

Um Erfolg zu haben, mußt du den Standpunkt des andern einnehmen und die Dinge mit seinen Augen betrachten.
　　　　　　　　(Henry Ford)

**So würzen Sie Ihren Vortrag
und Ihre Präsentation**

KAPITEL 15

Gesten sind sichtbar gewordene Emotionen.
(Baldur Kirchner)

Langweilig ist noch nicht ernsthaft.
(Kurt Tucholsky)

Eines guten Redners Amt oder Zeichen ist, daß er aufhöre, wenn man ihn am liebsten höret.
(Martin Luther)

Das Äußere ist das sich offenbarende Innere.
(Friedrich Schiller)

Klug fragen können, ist die halbe Wahrheit.
(Francis Bacon)

Fehlschläge sind die Würze, die dem Erfolg sein Aroma geben.
(Truman Capote)

KAPITEL 15

Alles zu sagen ist das Geheimnis der Langeweile.
                                                        (Voltaire)

Tritt frisch auf – tu's Maul auf – hör bald auf!
                                                        (Martin Luther)

Jeder muß den Mut der Überzeugung haben.
                                                        (A. v. Humboldt)

Wer viel zu sagen hat, fasst sich kurz.
                                                        (Erich Limpach)

Sprach-Kürze gibt Denk-Weite.
                                                        (Jean Paul)

Ein Wort zuviel ist ein Gedanke zu wenig.

Literaturhinweise

Correll, Werner:
Motivation und Überzeugung in Führung und Verkauf
11. Auflage, Landsberg 2000

**Edmüller, Andreas,
Wilhelm, Thomas:**
Argumentieren
Planegg 1998

Enkelmann, Nikolaus B.:
Rhetorik Klassik
2. Auflage, Offenbach 1999

Fichtl, Gisela:
Der ZitateGuide
Planegg 2001

Lay, Rupert:
Dialektik für Manager
19. Auflage, München 1999

Menzel, Wolfgang:
Rhetorik
Planegg 2000

Palausch, Peter R.:
Souverän frei reden
Zürich 2000

Pöhm, Matthias:
Nicht auf den Mund gefallen
3. Auflage, Landsberg 1999

Puntsch, Eberhard:
Zitatenhandbuch
14. Auflage, München 1997

Der Redenberater
Bonn 2001

Ruhleder, Rolf H.:
Rhetorik – Kinesik – Dialektik
14. Auflage, Bonn 1999

Einfach besser verkaufen
2. Auflage, München 2001

Ruhleders Sprüche und Zitate
7. Auflage, Würzburg 2001

Management Institut Ruhleder
Postfach 1303
38655 Bad Harzburg

Bismarckstraße 64
38667 Bad Harzburg

Telefon: 0 53 22 / 96 72-0
Telefax: 0 53 22 / 20 47

Internet: www.ruhleder.de
E-Mail: info@ruhleder.de

„Mal ernst, mal heiter -
aber immer zum Schmunzeln."

Rheinischer Merkur

Von den meisten Büchern bleiben nur Zitate über. Warum nicht gleich nur Zitate schreiben?

Der Rhetorikspezialist Rolf H. Ruhleder hat dies befolgt und ein Buch geschrieben, gefüllt mit geistreichen Sinnsprüchen und nachdenklichen Merksätzen – geflügelte Worte also, die köstlich unterhalten, mit denen sich aber auch rhetorisch glänzen läßt.

Für die Auflockerung des Zitatenschatzes sorgen die pfiffigen Illustrationen von Rolf Schubert. Die Neuauflage wurde durch ein Stichwortverzeichnis ergänzt.

7. Auflage, 174 Seiten
ISBN 3-920834-23-2
DM 49,–

Erhältlich in Ihrer Buchhandlung.
Max Schimmel Verlag, Postfach 9444, 97094 Würzburg
Telefon 0931/2791 420, Telefax 0931/2791 411